꿈으로 전하는 편지

이하림 시집

무당거미

꿈으로 전하는 편지

이하림 시집

목차

봄 길 6
이 곳에 시가 있다 7
시는 악의 꽃 8
폐허의 눈물 10
너를 위한 발라드 11
작은 방에 꿈길 13
순수의 시절 14
안개 16
첫 키스 같은 떨림 17
알고 싶다 내 자신을 19
나그네 20
침묵 속에 노래 22
꿈으로 전하는 편지 23
꿈으로 전하는 편지 2 25
시를 쓰다 27
또 다른 나 29
어느 그림 같은 풍경 30
신들의 잠든 시간 32
신이 내게 준 건 33
어느 마을에 사는 그림자 35
어떤 쓸쓸한 날에 37
너를 향해 가는 길 38
어느 날 방 안에서 40

푸르른 날의 오후 41
너와 함께 42
카페 펠리니 44
나의 사원 46
노을 속에 그 빛 47
먼 별을 꿈처럼 49
시간의 항해 50
어느 날 당신은 52
작은 가게 54
햇빛은 비처럼 55
그 가을빛의 노래 57
길은 왜 가는가? 59
길은 왜 가는가? 2 61
길은 왜 가는가? 3 62
길은 왜 가는가? 4 64
비틀대는 꿈들 66
항해의 노래 68
향기의 사원 69
시간의 항해 71
지난 세월을 돌아보며 73
낡은 찻잔 75
이별 노래 76
길을 걸으면 77

어느 마음의 물결 79
장작불 80
잠시 머물다 가는 자리 82
한 여름빛의 노래 84
어떤 바람 앞에서 85
나는 말할 수 없네 87
작고 아름다운 88
시를 못 쓰기에 시를 쓴다 90
내 스타일 대로 쓴다 91
그냥 살아온 시간들 93
시간 95
긴 하루의 우울 96
언제나 나의 꿈은 98
꿈같은 어느 오후에 99
언제나 안개 같은 101
여름에 꾸는 겨울 꿈 102
그리운 사람 104
여름날의 가을 길 105
그해 여름의 생 106
한 번 살다 가는데 108
작은 꿈을 별처럼 109
어느 날 만난 그녀 110

봄 길

봄바람에 깃발이 휘날릴 때
나는 너에게 간다

꿈을 꾸듯이
천천히 바람처럼 걸어간다
작은 생명처럼

냇가에 발을 담그고
꽃에도 앉았다가
찻집에서 차 한잔 마시고
나는 너에게 간다

소리치지 않는 아우성으로
긴 기다림의 시간을 향해
나는 너에게 간다

현실 너머에 있는
꿈틀대는 존재의 향기 속으로
웃으며
울면서
어느 먼 산을 오르듯
너에게 나는 간다

가는 길을 몰라도
투명한 목적지를 향해
하얀 편지처럼 간다

아무도 모르는
비 내리는 고향 역처럼.

이 곳에 시가 있다

거리와
광장에
징과 꽹과리가 고함 처도
시는
길 한복판에 횃불처럼 서 있다

모두가 의미를 잃고
낯선 신문의 기사에
분노할 때
저녁놀처럼 번지는 종소리

시가
새벽을 깨우고
시장의 상인들에게
꽃은 선사한다

어지럽고 추한
세상에
시는 말 없는 노래로
꿈을 꾼다

새 시대의 희망은

거리와
광장의 확성기 소리가 아니고
조용하고 은은하게
빗소리처럼 마음을 적신다

시는 고독의 탁자에서
커피 한 잔 마시고
내일의 미래를
조용히 가리키는 나침판처럼
시간을 깨운다.

시는 악의 꽃

세상이 절규의 호소를 할 때
시는
악마와 협상할 준비가 되어있다

모든 존재들이
희미해지는 안개처럼 방황할 때

시는
칼과 창의 노래를 할 용기가 있다

떠나고 돌아오는 것들이
서로를 죽이고 죽을 때

시는

정의 칼을 휘두를 각오가 되어있다

시는
악마의 제단에
양을 바치고
거짓 가면들과 싸울 의지가 있다

세상은 교활하고
탐욕의 거래로 물들 때

시는
모든 천둥과 번개로
세상을 내리칠
결심이 있다

타락하는 술집의 잡담처럼
너절한 세상을
시는
심판할 권한이 있다

잠들지 않는 신의 눈길처럼.

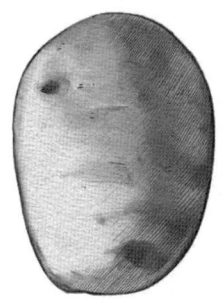

페허의 눈물

하늘에서 내린

잔잔한
비

잔잔한
눈

잔잔한
바람

세상이 이것을 잃을 때 불탄다

하늘에서 내린

잔잔한
파도

잔잔한
노래

잔잔한
꿈을

세상이 이것을 잃을 때 불탄다

하늘에서 내린

잔잔한
공기

잔잔한
나무

잔잔한
꽃을

세상이 잃은 때 불타오른다

세상 폐허에 타다남은
재는
아픔의 눈물 흘린다

하늘이 주신
잔잔함

잃어버릴 때에.

너를 위한 발라드

이 세상 어디에도 없는 그대
현실에도
꿈속에도
상상에도
그 어느 곳에도 없는 그대

가을날 어느 들길을 걷다가
문득
떠오른 얼굴
그 눈
그 코
그 입
긴 머리카락에선
라일락 향기가 나는

시간의 흔적을 거슬러 걷다 보면
작은 모습들이
하나둘 떠오른다

어느 곳 어디에서
뭘 하는지

시간의 꿈이 발효한
술을 마시면
마음 깊은 곳에
그대 향기가 나온다

밤하늘을 바라보며
어디선가
무엇을 하고 있을까?

긴 여운으로 들리는
풀벌레의
한숨 소리

길을 따라 마냥 걸어간다.

작은 방에 꿈길

작은 산허리에
오솔길
그 길을 따라 걷다 보면
옹달샘
그 맑은 물을 마시고
하늘에 둥실
구름 한 점
파란 도화지 위에
바람처럼
돛을 세운 배는 떠간다

작고 예쁜
고급한 카페
이런 분위기가 좋다
짙은 커피 향
탁자 위에
말 없는 대화

그 침묵의 시간이 익을 때

바닷가의 해변에는
발자국
남기며 걸어가는
두 연인

작은 산길에 지친 마음
따라서 걷다 보면

멀리 인가에
솟아나는
굴뚝
연기

어둠이 내리면 꿈이 잠들고
카페에
커튼이 쳐진다

가로등 위로 눈이 내린다

창밖으로.

순수의 시절

가득 밤중에 내린 눈
아침에
깨어나 보니
온 세상이 하얗다

동네 골목길에서
눈사람 만들고
눈싸움도 하던 시절

눈밭에 뒹굴며
낄낄대던 그 어린 날에
하얀 눈 내리던 날

시간은 흐르고
눈이 내려도
무덤덤한 마음

커피 한잔으로
마음을 녹이고

어느 젊은 날에
앉아 있던
그 자리에
당신은 웃고 있었다

다시 시간은 흐르고
방안에
자욱한 냄새는
회한의 슬픔 감정일뿐

눈이 내리던 날
낄낄 깔깔대던
날개 달린 추억은
그 밤을 기억한다

지금은 눈 내린 밤에
혼자 걸으며
슬픈 발길로 조심조심 걷는다

눈이 내린 날에.

안개

꿈이 꿈인 줄 알면서
차갑고 거친
길을
걸어갔습니다

안개가 자욱했습니다
어느 길이 길인지 모르면서
걸어갔습니다

희미한 세상에서
작은
호롱불처럼 키고
거친 파도의 바람 속에서
꿈을 향해 걸었습니다

유혹의 노래
귓가에 들려오고
방황하며 걸었고
높은 산을 넘어야 했습니다

온통 뿌연 안개 세상에서
기차를 타고
꿈의 역으로 가기 위해
환상의 차표로
가야했습니다

나의 꿈은 꿈이지만

당신이란
소중한 꿈이었습니다

온통 뿌연 안개 세상에
나는
지금도 차가운 길을
눈비 맞으며
가고 있습니다

꿈의 역에 장미를 들고
서 있는
당신의 역으로 향해 갑니다

희미한 안개를 헤치며.

첫 키스 같은 떨림

밤이면
별처럼 빛나면서
나타나는
허무의 그 모습

찬바람이 스치듯이
꽃잎을 헤치고
허공에서
추락한다

널 그리워하는 마음은
낯선 이국의 어느
여인의 입술 같은
따스한 떨림

살아가며 열대 우림의 비처럼
쏟아지는
따가운 그 설렘

밤이면
현실보다 환상처럼
내 앞에
서 있는 당신이기에
마음은 고동친다

멀리 높이 떠 있는 파란 하늘처럼
푸르른 청춘의 시계는
흘러갔지만
다시 돌아온 첫사랑의 애인 같은
그 미소는
나를 떨리게 한다

살며 살아가며 바다 위에 배처럼
두둥실
희미한 현기증처럼
나는 떨고 있다

미스테리한 떨림 때문에.

알고 싶다 내 자신을

1965년

나는 태어났다

별이 빛나는 밤에

아기는 자라서 방황하는 별처럼

세상을 떠돌며 예술가 행세를 했다

주변은 나를 비웃었다

그 가시 같은 말과 웃음 속에서

나의 작품들은

우주의 어느 별처럼 고요한 꽃이 되었다

나를 몰랐기에

그냥 살아왔고 떠돌았다

어느 거리의 나그네처럼

신비한 세상에

내 모습은 무엇일까?

세상 거울에 나를 비추며

나를 찾기 위해

달빛 속을 걸어 들어간다.

나그네

떠나야지 하면서 못 떠난다
아주 먼 옛이야기 같은
그곳으로

그리스 해변 같은
지중해 파도가 치는
햇빛이
꿈을 꾸며 춤추는 그곳에

도시의 밤은
시끄러운 정적으로 가득하고
빈 거리에
쓰레기통에는 밤 고양이들
사냥을 한다

떠나고 싶지만 추억 같은 이별의
멜로디가 슬프게 한다

바다는 푸르고 새들은 난다

하늘에는
짙은 색의 청잣빛으로 물들고
구름은 덧없이
떠다닌다

발길 닿은 대로
가고 싶다
꽃이 핀 들판을 지나
강물이 흐르는
풍경과 다정히 정을 나누며
지친 시간들을 위로하고 싶다

도시는 꿈꾼다
어느 값싼 화장품으로 단장한
도시의 허영 속에
하루는 저문다

꿈의 고향은 어디인가?
카멜레온 같은
도시의
소음들이 나의 옛 고향이다

불타는 햇빛 속
바다 옆을 걸어간다

시곗바늘처럼.

침묵 속에 노래

아무 말 안 해도
가슴 깊이에는
꿈꾸는
작은 소망이 있다

소리치지 않아도 마음 깊이
안으로만
안으로만
외치고 간절히 기도하는
꿈같은 꿈이 있다

너와 나
함께 걷고 싶다
가로수 길 나무들 사이로
바람은 불고
꽃은 피어나고
생인듯한 이 길을
걸어가고 싶다

언제가 인지는 몰라도
파란 하늘 밑에서
다정히
탁자 위에 서로 바라보며
작은 잔에
차를 마시며
살아온 꿈들을 함께 마시며
널 바라보며

말하고 싶다

지나간 시간들은
흩어지는 꽃잎처럼 바람에 날리고
너와 나의 시간 앞에
봄밤의 고요와
달빛의
조용한 속삭임 속에
나의 작은 바람은
꿈결처럼
흘러간다

흘러간 모든 것들이
노래한다
시간과 강물 그리고
흔들리는 나뭇잎

모든 침묵 속에.

꿈으로 전하는 편지

밤바람이 불고
언덕 너머에 흰 달이
그늘을 비춘다

아무도 모르는 세상일은
흔들리는 풀잎으로

바람처럼 일어난다

너는 아주 먼 곳에 있지만
꿈이 전하는 말에
단잠을 자면서
소리에 귀 기울인다

아쉬운 지난날들 속에
자라온 시간
아름다운 순간들은
찰나의 흔적처럼
영혼에 새겨진다

말 없는 말의 편지는
지상에
가장 빛나는 별빛으로
너의 가슴을 울리고
고요 속에 추락한다

기다려온 나날들은
흰 공백의 사연처럼
너의 노래에
담겨
이 세상에 가장 먼 끝까지
퍼져나간다

마음이 꿈꾸는 사연은
너를 향해
새처럼 날개를 달고
날아간다

시간의 언덕 너머로 날아간다.

꿈으로 전하는 편지 2

앙상한 거리를 걸어가며
쓸쓸히
다짐하는 말

사랑하지 말아야지

사랑 없는 세상에 사랑은
슬픈 이별보다
더 아픈 상처이니까

사랑하지 말아야지

긴 시간을 홀로 있어도
찾아오지 않는 사람을
사랑하는 건
깊은 고독보다 괴로운
더 아픈 고통이니까

사랑하지 말아야지

혼자 하는 사랑은
언제나
빈 주머니의 공백처럼

쓸쓸한 외로움이니까

깊은 잠 속에
아주 긴 편지를 쓰며
너에게
사랑 없는 마음을 보내야지
메아리 없는 메아리처럼

사랑하지 말아야지

언제나 이 거리를 걸으며
외투에 스며드는
찬 바람은
따스한 사랑보다
더 가까운 시간이니까

사랑하지 말아야지

먼 하늘에
파란 빛깔의 말들은
어느 우체부의
꿈의 편지이니까

비처럼 내리는 촉촉한
마음이니까

사랑하지 말아야지

사랑은 떠나간 빈자리이니까

사랑하지 말아야지

사랑은 언제나 말 없는 고백이니까.

시를 쓰다

말이 안 되는 시를 쓰면서
그냥 쓴다는
기분으로
이제까지 시를 써왔습니다

꿈의 언덕에 앉아
누군가를
그리워하며
고독
추억
동경
낭만
사랑을 시로 써왔습니다

잘 썼는지
못 썼는지

누가 보는지
누가 흉보는지

아무것도 모르면서

시를
써왔습니다

상을 받으려고 쓴 게 아니라
떠오르는 대로 쓴 시입니다

칭찬이 없어도 쓰고
칭찬이 있어도 쓰고

아는 게 없으면서도 시를 썼습니다

작은 시의 언덕에서
노을에 물든
하늘
그 아래
마음들은 시로 씁니다

캄캄한 밤이면
환한 달이 읽고

밝은 대낮에는
부는 바람이 읽었습니다

내 시는
고독한 나그네의 발걸음입니다

언제나 꿈꾸는.

또 다른 나

긴 하루의 끝이 오면
밤이 찾아온다
쓸쓸한 회상의 시간

너는 어디서 무엇을 하는가?
근처에도
가보지 못한 그 사람을
그리워하는 것은
작은 까닭

스쳐 지나갔던 모든 순간들이
반짝거릴 때
그 사람은
오늘과 내일을 살기 위해
시간의 강을 헤엄쳐 간다

나도 흐르는 시간에
퐁당
빠져 회상의 그림자들 속에
잠겨서
긴 고뇌의 밤을 보낸다

나는 나 아닌 그 누구인가?
달빛
나뭇잎
바람에 흔들리는 속삭임

깨어나야 한다
내 속에 나는 이렇게 소리친다
내 안에 천국은
지옥의 다른 이름이고
천국은
그 사람의 이름이다

긴 하루의 끝에
밤이 찾아오면
나는 쓸쓸한 고뇌의 나그네처럼
이 밤의 거리를
걸어간다.

어느 그림 같은 풍경

바닷가
햇빛이 꿈꾸는 어느 오후
선창가 술집
독한 위스키 향기가
바람을 타고
해변을 항해한다

날아가는 저 새도 취해
비틀거린다

오고 가는 배들 속에는
기막힌 인정의

사연들이
슬픈 노래를 한다

오르고 내리는 짐들
그 무게에 깔린
하루는
그림자 길게 끌고
느리게 간다

바다는 숨 쉬고 호흡한다
밀려오는 파도의
고독한 독백

배들은 소리를 내며 떠난다
먼 타국의 어느 항구로
담배 연기는
쓸쓸한 인적의 향기

살아가는 일이
살아온 세월보다
더 힘든 일이란 걸
모두는 침묵으로 말한다

높이 날아가는 새는
날개에
꿈이 달린다.

신들의 잠든 시간

한낮의 긴 공백 같은 시간은
신들의
여유로운 휴식 때문이다

잔잔한 햇빛
타오르는 나뭇잎
향긋한
꽃냄새의 향기

어디선가 흘러나오는
라디오 음악 소리
한낮의
정적을 깨고 파문이 인다

아름다운 서정의 멜로디는
신들의 수면제
그 시간에
인간은 자유롭다

신들이 꾸는 꿈
인간에게
벌주는 일

오늘도 내리쬐는 햇빛 속에
오후의 고독은
비명처럼 소리친다

진짜 신들의 말 없는 응시가
가장 무서운
인간의 형벌

오늘도 십자가 없는 십자가를
어깨에 지고
나의 언덕을 넘어
보이지 않는 그곳으로
천천히 걸어간다.

신이 내게 준 건

나를 키운 건 팔 할이 고독이다

고독은 나라 노래

별 하나의 꿈
별 하나의 추억
별 하나의 낭만

별 하나의 신비

밤하늘에
나의 고독들이
반짝이며 빛난다

윤동주

릴케
보들레르

그들과 벗하며
술을
마신다

신이 내게 준 건

고독한
선물

신이 내게 준 건
고독한
그대

신이 내게 준 건
고독한
사랑

나를 키운 건 팔 할이 상상이다.

어느 마을에 사는 그림자

태양이 뜨고
눈 부신 햇살이 비출 때
쓸쓸한
그림자는 술 한 잔의 비애로
살아가고 있다

아름다운 생이기를 바랬기에
더욱
싱싱한 육체의 꿈을
가지고 있다

날아가는 새처럼
푸른 하늘 높이 비상하며
꿈과 함께
살고 싶어 했다

비가 내리는 날
슬픔의 눈물이 함께 내릴 때
그림자의 마음은
처량하다

떠나가고 싶다
어디든지 가고 싶다
기찻길을 달리고 싶다
기차의 꿈처럼

그림자의 하루해가 질 때

서늘한 밤공기는
오늘을 잊게 만든다

허기진 그림자의 날들은
별처럼 멀어진
꿈을 마시며
새가 되어 하늘로 날아간다.

어떤 쓸쓸한 날에

햇빛 뜨겁게 내리쬐는
날에
찬비를 맞으며
거리를
파도처럼 출렁이며 걸어간다

세월에 취한 날들
흔들리는
보이지 않는 안개 같은 시간 속에
꿈은
산처럼 높고 험하다

가야 할 길

멀지만 걸어서 가야 할 길
꿈의 산은
거친 비와 바람과 눈이
날리는
세월의 봉오리로 우뚝 솟아 있지만

날개 없는
새처럼 초라한 발걸음에는
생의 비애가
촉촉이 가을비처럼 내린다

불러보고 싶은 사람
멀리 있지만

가까이 너를 만지며
언 꿈을 녹이며
속삭인다

멀지만 가야 할 길

어느 외로운
가로등에 불이 켜지면
꿈은 물들어
아름다운 편지처럼
시간의 강을 흘러간다.

너를 향해 가는 길

먼 곳에 속삭임처럼
가까운
너의 모습은
내 앞에 그려진 초상화

꿈의 붓은
빈손으로 허공에 너를 그리고
지워버린다

떠나간 시간들은 붙잡지 못하는
여린 마음의 손
눈물 같은 표정으로
가엽게 힘없다

비가 내리고
바다에 배는 떠나가는데
혼자 남은
외로운 손님 같은 풍경은
창문 밖의 외로운 그림자 같다

너에게 가는 길은
파란 바다를 건너 돛단배처럼
흔들리며
작은 섬으로 가는 길이다

검은 구름이
비를 토하며 바람이
꿈을 몰고 와서
눈물 같은
하이얀 눈송이로 내린다

그날의 그 카페에는
작은 탁자에
너의 두 손이 조명에 빛나고
섬세한
찻잔의 따스한 여운으로
아직도 가고 있는
그 사람을 기다린다

창밖의 가로등처럼.

어느 날 방 안에서

멍하니 생각하다
오지 않을 꿈들을
새처럼 날개 달고 오는 소식으로
올까 싶다

책상 위에 전등에서
똑
한 방울
불빛이 이마에 떨어졌다

주르륵
굴러서 아마 당신에게
푸른 바다의 바람처럼
말하고 있다

거긴 시원한가요
여긴 너무 더워요

그 사람은
침묵의 마음으로
대답한다

잘살고 있어요
잘 살고 계시죠

네 물론이죠

한 방울
빛처럼

당신도
행복하세요

꿈처럼
현실 속에서도

한 방울

시처럼.

푸르른 날의 오후

세상의 하늘이 푸르던 날에
바람이 파랗게 불고
인생의 오후에 별과 함께
산책을 한다
햇살이 빙긋 웃으며 미소를 건넨다
비가 오는 날에
우산 속의 슬픈 정적은
오후에 햇살과 한 잔에 커피에 녹아
시무룩한 마음이 향기로 풀어진다
아름다움에 대한 갈망과
표현하지 못하는 아픔의 상처들
구름 속의 하얀 비가 눈물을 흘릴 때

새들은 날개를 적시며
밤의 이슬들을 헤치며 날아간다
검은 정적의 종소리가 별을 울리고
작은 이상의 꿈은 지상으로 추락하며
그대의 탁자 위에 예쁜 잔 위에
내려앉는다
그 향기를 마시는 너의 붉은 입술에
달콤함이 세상은 푸르게 미소짓는다
아무런 미련 없이
푸른 오후에 하늘을 향해
꿈을 날려 보낸다
그대에게 바치는 편지처럼.

너와 함께

언제나
걸어가고 싶은 길이 있다
너와 함께

키 큰 나무들이 늘어선
가로수 길
가끔 꽃도 보이는

말없이 걸어가고 싶다
파란 하늘에
흰 구름

비가 오거나
눈이 오거나
바람이 불어도

너와 함께
걸어가고 싶은 길이 있다

멀리 산이 보이고
길모퉁이에 작은 카페가 있는
보석 같은 인정의 장소

너와 함께
마주 앉아 얘길 하고 싶다

기쁠 때나
슬플 때나
추울 때나
더울 때나

침묵의 대화 속에
걸어온 길의 대화

따스한 차 한 잔의 온기

너와 함께
언제가 걸어가고 싶은 길이 있다

오후의 어느 날에
말없이
쓸쓸한 세상의 길을

말없이 걸어가고 싶다

달빛 환한 길을.

카페 펠리니

1997년

이태원 뉴질랜드 대사관 앞에
친구와 카페를 했다
손님은 별로 없었지만
아늑한
공간의 미묘한 정서가 깃든
정겨운 곳이다

눈이 내리면
창밖 가로등에 가득
내리는
눈송이들

커피 한 잔의
긴 여운

누군가를 꿈꾸고 싶어지는 곳
어느 날
문득
사랑 같은 손님이 들어왔다

창가 쪽에 앉아
친구와 차 한 잔의 대화를 했다

설레이는 마음
눈길이 서로 닿지 않아도
작은 불꽃 타오르는
아름다운 시간

눈이 내리는 날에
혼자 앉아서
책을 읽던
그 모습

음악은 흐르고
시간도 흐르고
마음도 흘렀다

서로가 서로를 몰라도
우린 긴 얘기를 했다

마주 앉아 말은 못 했지만
꿈 같은
카페의 시간

어느 날 바람처럼
가버린
그 사람

흰 눈이 오는 날에
창밖 눈송이가

아름다운
카페.

나의 사원

나는 날마다
나의 마음의 사원을 거닐어 봅니다
늘 빗자루 가지고
그 빈뜰을 치웁니다

나는 수도승은 되지 못합니다
다만
나의 마음에 사원을 하나 간직합니다
그 좁은 마당을 거닐며
당신의 주문을
외웁니다

떠어르고 떠오르는
당신의
눈빛

그 맑은 고요한 시선

나의 사원의 아궁이에
장작을 지핍니다
그 불꽃

아련한 옛 시 절에
타오르던
꿈

땔나무의 향기는
당신의 미소

은은한 사향 냄새

마음의 사원을 거닐다 보면
파란 하늘에
한 잎의
나뭇잎

가을이면 나의 사원도
붉게 물들고
바람에
추락하는

기억 같은 낙엽들.

노을 속에 그 빛

방 안에 앉아 하루를 삼킨다
누구나 그러하듯이
살아온 날들에 대한
섭섭한

마음을 혼자 달래며 있다

어린 시절에 동네 작은 동산에서
뛰어놀다
해가 막 질 그 무렵
붉은 황혼의 노을
그 빛

온 영혼이 빨려 들어가는
그 노을

잊을 수 없는 그 느낌
평생을 간직하며
어린 시절의
그 빛에
취해 살아왔다

언제나 꿈처럼 떠오르는
그 광경은
영혼의 순결한 교감

이제 나이 들어
방안에 앉아 차를 마시며
그날의
어린 시절을 음미한 시간

붉게 물드는 황혼의 그 빛

영혼에 물드는.

먼 별을 꿈처럼

언덕 높은 곳에 올라
까만 밤
반짝이는 먼 별을
꿈처럼
본다

그 사람이 아니면 안 될 거 같은데

속삭이듯
다짐하는 말은 별과의 약속

비 내리는 밤에
창문으로
흐르는
빗물

그 소리에 마음이 울적하여
유리에 어리는
그 얼굴

그 사람이 아니면 안 될 거 같은데

빈 거리를 걸으며
주머니 손을
가만히 넣고
부는 바람 속에 그대를 느껴본다

아직은 아주 멀리만 있는
그 사람
작은 새처럼 가슴에
내려앉아
웃는다

꿈이 별처럼 반짝이는 밤에
혼자 고독을 바라보며
아리게
속삭이는 말

그 사람이 아니면 안 될 거 같은데

빗소리처럼.

시간의 항해

아무것도 모르고
살아왔습니다

세월의 파도와
세상의 파도와
꿈들의 파도와

거센 물결을 헤치며
어딘지 모르는 곳을 향해서
날마다

살아왔습니다

거리에 혼자 서서
공허의
빈 마음으로 하늘을 보며
한숨 같은 현실들 속에서
당신을 기다리며
살아온 날들이었습니다

바람의 노래를 들으며
외투의 빈 고독의
비애를 안고
쓸쓸히 살아온 시간

밀려오는 푸른 물결 같은
지난날들 속에
혼자서
헤쳐가며 살아온 영혼

아직도
아픔은 다하지 못한 듯
가슴에 저려오는
맺힌 가슴에
그리움 품고 살아갑니다

오지 않을 그 날들과
흐르는 시간 앞에서
조용히
남은 꿈들을 도닥이며
위로의 잔을 들고

살아갑니다

차가운 비애의 하늘 밑에서
고독하고 외로운 발길로

펄럭이는 돛을 달고서.

어느 날 당신은

멀리
먼 곳에서 현실의 그늘 속에
꿈을 그리는
당신

뿌린
작은 씨앗은
억센
비바람 맞고 하얀 눈 속에서
밝은 햇빛
밝은 달빛에 바래어
깨어난다

어느 날
씨앗은 세월의 인고 끝에
부화하여
금빛 날개를 펼치며
날아오른다

작은
땅을 박차고
대륙을 이고서 날아오른다

망망대해를 지나
별이 가득한
은하수 건너
먼 먼 우주를 향해서

오늘
당신이 뿌린 씨앗은
꿈
그 열매는 지금
뙤약볕 밑에서 신음하지만
단비 내리는
어느 날
당신의 열매는
날개로 창공을 헤치고
꿈의 세계로
날아간다

어느 날
당신이 뿌린
작은 씨앗
한 알

거센 비바람 맞고서.

작은 가게

날이면 날마다 가는 곳
작고 작은 곳
그곳에는

과자
빵
초콜릿
술과 음료수

담배와 비타민도 파는 곳

하루의 고단함을 잊기 위해서
나는 매일 가서
과자 빵을 산다

건강도 생각해서
비타민도 산다

산다는 건
이런 나날의 사소함이
만드는 것

초등학생들과 함께
이곳을 이용하며
나의 하루도 간다

밤이 깊으면

어슬렁거리며
이곳에서
먹을 것을 찾고 집으로 오는 길
아이스크림 하나
먹으며
집으로 향한다

주인아저씨의 걸걸한 웃음소리
귓가에 정겹게 들리고
무거운 하루
달콤하게 보낸다

밤이면
외로운 불 켜놓은

작은 가게.

햇빛은 비처럼

슬픈 햇빛이
비처럼
내리는 날

사람 없는 거리를 걸으며
나의 우수의 편지를
낙엽의
시처럼 쓴다

어떻게 다가가야 할까야
말은 못 해도
침묵의 말은
꿈의 향기로 고백합니다

먼 곳에서
당신을 바라보며
작은 깃발 같은
마음을 흔들어 봅니다.

고단하고 지친 날들
그나마
추억 같은 기억의 그림을
그려봅니다

시간은 초조하게 지나가고
깊은 곳에
사연은 아름답게 익어갑니다

꿈의 골목길을 그대와
걸을 때
켜진 가로등 불빛에
비친 눈

세월은
혼자 이렇게 시처럼 편지를 쓰고
남은 흔적의 시간들만이
빛바랜
문을 닫고 기다립니다

어떻게 다가가야 할까요
조마조마한
시곗바늘처럼 떨고 있는
그대 향한
눈빛

먼바다의 파란 비처럼.

그 가을빛의 노래

늦은 저녁 무렵
멀리서
가을의 노래가 들려온다

어둠이 물드는
가을밤
고요 속에 당신의 방
불은 환하고
정적은 투명한 강물로 흘러간다

커튼이 쳐진
그 방안에 불빛은
소리 없는 정감의 창

그 아래
홀로
서성이며 그 불빛 바라본다

풀벌레에
작은 숨소리가 꿈처럼
들려온다

혼자
여름 저녁
그 거리의 우수 빛에 잠겨
길을 걸어가며

아직 떠나지 않은
당신의
지난날의 초상들은
노을빛으로 젖어 든다

붉게
황혼에 시간에
황혼처럼 마음이 흐를 때

그 가을의
불 켜진 창가의 방
꿈이
속삭이며 노래한다

여름이 뜨거울 때
먼 가을 노래는 창문처럼 빛나고

창가의 불빛

너와 나의
그리운 편지처럼

소리 없이
깊어간다

길은 왜 가는가?

나는 어디로 가고 있을까?
어떤 길로 가고 있을까?

예수의 길인가?
불가의 길인가?
도가의 길인가?

그건 나도 모르겠다
태어났기에 살아가는 길을 간다

햇빛이 쨍쨍한 날에도
비가 억수 같은 날에도
바람고 불고
눈이 하얗게 펑펑 오는 날에도

나는 나의 길을 간다

누구를 원망하겠는가?

태어난 게 축복인지
태어난 게 죄인 지는
모르겠으나

하늘의 뜻에 따라
그냥
나의 길을 걸어간다

삶의 고달픔에
마냥
괴로워도 꾹 눌러 참고
그냥
살아가는 거다

어깨가 비에 젖고
구두에 물이 스며들어도
젖은 발로
걸어서 나의 길을 가는 거다.

웃으면서 비를 맞고
울면서도 비를 맞고
걸어가는

때때로

고요 속에 핀 한 송이 장미.

길은 왜 가는가? 2

간다
어디서

어디로
왜 가는지 모르면서

길을 간다

비 내리는 날
온몸에 비를 맞던 날
슬픔이
비처럼 쏟아지던 날에

뿌리에 눈물이 스미듯이
온몸을 적시며
길을 간다

오고가는
빨간 노을 같은
그림자 인생
무얼 그리 애달파하는지

달밤에
휘영청 허기진 달빛
그 꿈을
마신다

간다
어디서
어디로
왜 가는지 모르면서

길을 간다

어제 내린 비처럼.

길은 왜 가는가? 3

마음 깊은 곳
가득히
꿈을 담고

금은보화의 신전인 양
욕망의
불길은 지옥처럼
타오르는 날

먼 길을 떠난다

고향길을 기차를 타고 떠나듯이
차창 밖의 풍경들을
아스라이
바라보면서

아득할 길을 떠난다
푸른 바다 위를
돛을 단
배처럼

바람이 불고 세월 속에
비바람은

늘
거세게 불어댄다

햇볕이 내리쬐는 날에
목마름 가득
길 위에서
헉헉댄다

꿈의 언덕은 먼데
백기를 든
패잔병인 양 길 위에서 주저앉는다

정글의 소나기는
언제나
내리는 법
손에 비를 받아 마시고

다시 길 위를 행진한다
나팔수 없는
고향 그리는 심정으로

피라미드 위에
해가 뜰 때
천 년의 시간을 넘어서
스핑크스를
높다랗게 쳐다본다

누구의 꿈이런가
이 무덤은
파라오의 침묵이 누워있는

대리석 앞에서
사막 같은 눈물 흘린다

까만 어둠 속에 달빛.

길은 왜 가는가? 4

나는 시간 여행자
혹성과 혹성
기차 타고
그 사이 오가며
별 위를 떠다닌다

그건 아마 꿈의 길일 것이다
삭막한
사막에서의 길

힘들고 지친 고난의 길
아무것도
보이지 않는 길

길을 간다
꿈길을 따라간다
외롭고
고달파도
안개 속 떠다니며
살아간다

어디엔가는
어디엔가는
분명히
존재하는 가을빛 별에
핀
한 송이 꽃

거친 길이지만
미의
순례자 되어
타는 태양 아래
헉헉
걸어간다

그 빛나는 별
어느 카페에
핀
기다리는
한 송이

빠알간 꿈 때문에.

비틀대는 꿈들

고독한 도시의 가로등 불
한여름

나방이 몰려든다

꿈처럼

자본주의에
이데아

돈

생의 종착점은 무엇일까?

시대의 끝은
생과 사의 벼랑 위에 있는데
왜
등불을 향한 나방들이 되었을까?

추락하는 시대의 꿈

한겨울의 눈 내리는
고요한
찻집

그 풍미를 느끼며
살면
좋을 텐데
나방의 꿈은 꿈일 뿐이다.

항해의 노래

나 떠나갈래
이 도시를 떠나
푸른 바람이 부는 그 고향으로

나 떠나갈래
이 모난 향기를 떠나
작은 과수원이 있는 그 열매들로

나 떠나갈래

이 마음의 폐허를 떠나
정든 별빛 향수가 있는 꿈속으로

나 떠나갈래
이 멍든 세월을 떠나
과거의 익어가는 시간으로

나 떠나갈래
이 현대를 떠나

작은 그리움 조각
파이처럼 나눠 먹는
정이 깊어지는 곳으로

지난 꿈들이
눈처럼
밤을 하얗게 비추는 곳으로

나 떠나갈래

파도처럼.

향기의 사원

너를 만나는 곳은
아주 작은
꿈이 만나는 사원

꽃이 있고
비가 내리고
낙엽이 지고
가로등 불이 외롭게 서 있는
아주 작은
사원

그 연못에는
별이 피어오르고
해와 달이
미소짓는 기도의 추억

살아가는 동안
살아온 외로운 시간들이
다정히 손잡고
그 뜰을 거닐며 위로받는다

거기서 만나자
같이
꿈꾸며 이야길 하자
밤의 노래를
부르며 걸어가자

향기가
먼 곳에서 날아와
예쁘게 피어난 사원에서
우리 그 길 위에
나뭇잎 사이를 정답게 걸어가자

때로는
슬픔의 비가 내리고
눈물의 햇빛이 반짝이는
정답고
아름다운 사원에서
기도 같은 마음으로

봄눈 내리는 날

눈빛의
편지를 쓰고
그리운 기억의 무대
시간의 향연 속에

꿈꾸는 배우의 향기처럼.

시간의 항해

모든 기억들 속에
나의
바다는 숨 쉬고 호흡한다

한 조각
돛배를 타고
지난날들의 시간의 바다를
항해한다

아픔의 깨진 시간
지친 마음
술에 취해 거리를 걷던 날들

멀리 지나가는 동경의 소녀

그 냄새는
아직까지 기억속에 익어서
나를 취하게 한다

그날의
편지 한 장의 사연
깨알 같은 글씨들

날개를 달고 환상의 하늘로 오르고
꿈의 화살을 쏘아
별을 추락시킨다

공포와 절망의 시계가 울릴 때
검은 커튼처럼
암담하고 막막하지만
창틈으로 작은
빛들이 기어들어 온다

파도치는 바다에 돛배는 떠 간다
기억과 회상의 물결이
파도로 적신다

떠나간 모든 그리운 것들
열매로 자라서
아름다운
술이 되고 추억이 된다

떠나간다
추억이 일렁이는 바닷속에
향기는 노를 젓고
바람은 돛을 밀어낸다

그리운
시간의 바닷가에서.

지난 세월을 돌아보며

장장 6년여간
많은 글을 썼다

시
에세이
희곡
문명론

참으로 부끄러운 수준의 작품들이지만
내가 낳은 자식들이다

그 세월 동안

바람과 비
눈과 햇빛
나뭇잎이 물들어
단풍이
낙엽으로 떨어졌다

길가의 가로등
나그네
심정으로 살아온 세월
꿈인 듯
흘러갔다

마음 가득 차오르는 건
허전함과 쓸쓸함

연애 없던 시간들
좋은 사람과 인연도 못 맺고
혼자서만
묵묵히 글만 썼다

세월은 흐르고 흘렀다
남은 날들은
또 어떻게 흘러갈까?

시간이 낳은 자식들을
보면서
아마 나와 함께 늙어가리라

여름해는
내리쬐고 더운 창밖의
공기는 뜨거운데
마음속
찬 허전함을 무엇으로 달랠까?

시간 너머에 있는
그 사람은
지금
무엇을 하고 있을까?

낡은 찻잔

찬비 같은 마음이 가슴에
내리는데
나는 어디로 가는가?

발길이 머무는 곳에
하얀 꽃을 피우고
낡은 가방은 나의 자화상

하늘 위에
파란 바다에는
구름이 배처럼 떠 있다

쓸쓸한
바람이 불면
편지처럼 떠나야 하리라

밤 깊은
골목길에 어둠이 짙으면
가로등은
혼자 말없이 웃으며 서 있네

빈방의 정적은
마음의 유리창처럼 깨끗하고
외로운 책상은
꿈의 고요

빈 찻잔은

옛 추억의 빛으로 물들고

살아온 대로
다시
살아가는 게 인생

쓰다만 시에
인생 빛
외로운 향기를 뿌린다.

이별 노래

그대 떠나는 길에
외로운
비는 내리는데
길을 잃은 새는 허공을 맴돈다

고맙고 그리운 이여
잘 가라는 말
여운처럼 생략하고
꿈의 역에서 인사합니다

시간이 지나
어느 날
따스한 그 카페에서
커피를 마시면

불쑥

문을 열고 들어올 당신
햇빛에 바래어
물들어간
얼굴에는 그대의 꿈이 물들어있다

나 오늘
고독을 발길로 차며
날아간 시간의 흔적들을
밤새워 지운다

밤새워
비는 내리는데
흐르는 빗물은
마음을 흔들어 문을 연다

누군가
문을 열고 들어올까?

길을 걸으면

지나간 바람에
문득
하늘을 본다

떠오르는 몽상

석양에 물든
해지는 선창가에
기울어진
배처럼

발길은 고독의 노을에 물들고
노래 같은
거리의 정적이 내 뒤를 따른다

아직은 먼 길이지만
시원한
바닷바람에
꿈을 날리던 시간의 기억

나를 밀며 보챈다

걸어간다
걸어서 간다
아직
오지 않은 빛바랜 꿈

길 위에 서성이면
작은 길가에 간판이
추파를 보내면서
속삭인다
출출하면

따스한 술 한잔하라고.

어느 마음의 물결

파도처럼 밀려왔다 밀려가는
욕망의 바닷가
버리면 버릴수록
멀어지다
다시
다가오는 물결

생의 어디에서 시작된
불씨인가

아마 이십 대일까
꿈을 심고 가꾸던 그 시절
마음에 싹이었던
그 욕망

거센 불꽃이 되어
까만 회색 잿더미
타버린 하이얀 편지

누구를 탓할 수 없는 잘못들
후회의 밤이 오면
용서의 기도를
스스로에게 한다

빛이기도 했다가
불길이 되기도 하는
지난 병들이

쓸쓸한 잎사귀처럼 떨어진다

파도처럼 밀려왔다 밀려가는
지난 꿈의 파도는
외로운 바닷가의
작은 발자국

지워지고 다시 써지는
그 글자들

아직 남아있는 나의 날들에게
시간을 도닥거리며
그려보는 세월

창가에서 눈을 뜨고
달빛 보며
떠오르는 물결의 파도에
꿈을 적신다.

장작불

쓸쓸히 익어가는 세월이었네

봄은
꽃 피어나고
꿈의 비가 내리면
목마른 새싹처럼 자란

마음

어느 산장의 카페에
난로에는
활활
타오르는 겨울 같은 불빛

장작 타는 냄새
가을 색 그리움이
물들면
바람에 날리는 사연처럼
낙엽들이
어느 백지 같은 표정으로 있다

소나기 내리던 날
그 해
그 여름날의 태풍은
고요한 침묵처럼 다가왔네
잃어버린 과거에는
파편 같은 시간이 들어있었네

지붕 위에 눈이 내리면
들려오는
소리 없는 빛 같은
겨울 새소리

잊고 지내온 엽서의 내용은
차 한 잔의 따스함

까만 비가 내리는 날에

기억들이
방안을 가득 채우고
추억들이 둥둥 떠오르고
새들은 길을 잃고 날지 못한다네

나의 기억의 날들 때문에

소리 없이 타오르는 장작같이
고요하게 타오르는 밤에
착각들
벽에 걸린 후회 한 장
뜯어버린다

쓸쓸히 익어가는 세월이었네.

잠시 머물다 가는 자리

세상에 태어나서
잠깐
머물고 사라지는
인간은
사람은
생명은

어제
오늘
미래

그 안에 살아가는 존재
영원을 꿈꾸지만
그 발밑에는 시계추가 잠들어 있다

작은 나뭇잎
가을바람이 불면
떨어지듯

그냥 한순간을 산다

누구나 고독을 품고 산다
자기만의
세계 속에서
안주하며 살기 때문이다

겨울이 찾아오면
의자에 앉아
지난날들
그 시간의 반짝거림을 추억하지만

찌르듯 가시 같은
생의 아픔은
깊은
눈송이처럼 하얗게
내린다

아주 잠깐의 시간들
마음이 머물다 가는 자리들
생의 봄날에서
생의 찬 바람이 불면

쓸쓸한
미련을 두고 떠난다

잠시 푸르던 그 시간들 속에

당신의 차 한 잔 속에.

한 여름빛의 노래

여름 햇살이
별처럼 반짝이며
떨어진다

멀리 머나먼 곳에는
빗소리가
기도의 함성에 깃발로 흔들린다

작은 집들 사이에
외로운 골목길
혼자
꽃처럼 꿈꾸며
여름의 긴 더위 속에 산다

지나가는 아이들의 해맑은
웃음소리
구름을 뚫고
비처럼 요란하게 내린다

잠시 떠나간 그대는
지금
쯤
낯선 타향의 거리에서
그림자처럼 방황하며 거닐고 있다

쏟아지는
한여름의 정적은
과일 향기의 빛으로
밤은 적시며
갈증을 채운다

그해 여름의
청춘은
꿈을 썩은 과일처럼 버리고
다시 태어났다

여름이여
시간과 구름과 그 바람의 표정은
어느 바닷가의
돛을 세우며
펄럭이면서 출항을 결심한다.

어떤 바람 앞에서

나는
바라지 않는 바람을 가지고

밤이 빛나는
창가의
그대 앞에 서 있네

지난여름의 태양을
불사신처럼
타올랐고
나는 그대 앞에서 빛을 잃었네

어느 장마가 길던 날에
아픔 같은 짧은
소망을 쓰며
부는 바람에 날리어 보냈네

그대라는 바람 앞으로

멀고 긴 여름의 꿈속에서
별빛 같은
상처를 어루만지며
고백의
종소리가 멀리서 울리면
깨어나 일어나리라

시계추가 속삭이면
밤의
쓸쓸한
고독의 빛은
춤추듯이 일어나서
창문에 밤하늘의 별을 부르며
함께 노래하리라

그대 앞에서
바람 없는 바람으로
이 시를 읽고
밤하늘로 쏘아 올리는 영혼이 되어 빛나네

먼 별에게 소리 없는 진실의
눈빛으로
긴 고백의
아름다운 침묵 같은
하이얀 편지를 쓰겠네.

나는 말할 수 없네

탄 재가 다시 꽃이 된다네

밤하늘에 빛나는 별과
지상의
모든 더러운 오물들은
서로
바라보며 빛나고 있다

알 수 없는
향기
노을
이슬
꽃
꿈

이런 건
그 까닭을 모르고
우리네 마려운 사정도
알 수가 없기 때문에

탄 재는 다시
꽃이 되어
피어난다

수평선의 파란 바다 빛처럼.

작고 아름다운

생에 이슬방울 같은 순간들이
아롱아롱
맺힐 때

진한 향기가 마음을 스치고
그림 같은 여운들
노을처럼
붉어져 가고

아름다운 꿈의 잎들은
이제
시간 앞에
고개 숙인다

차 한 잔의 그 여유
의자에 앉아
책을 읽고
냄새 맡으며

기억들의 파문 속에
울리는 종소리

마음은 고향의 우물
조각달
눈 앞에
강은
소리 없이 흐른다

멜로 드라마
그 밀어
작은
열쇠

밤에 꿈들이 커피색으로 물들어
사라지는 그 사람
뒤 그림자

추억은 향기처럼 타오르고.

시를 못 쓰기에 시를 쓴다

지난날 썼던
나의 시들
참 못생기기도 하여라

한심한 시의 표정들 보며
야단을 치고 싶지만
쌓인 정들이
그들을 어루만진다

눈 내리는 벌판을
걸어가며
아스라이 펼쳐지는 서정의 계곡에
잠시 머물다가

높이 멀리
사라져 가는 새 한 마리
내 꿈을 물고
날아서 간다

어디에도 둘 곳 없는
빨랫줄에 걸린 나의 시들은
부는 바람이 어루만지며
싱싱한
태양 빛의 그늘로
그림자처럼 슬프다

아 떠나간 시간들의 기차는

내 떠나간 마음의
지난 초상들

아픔의 흔적들이지만
땅에서 살아온
걸어온 날들의 어깨 같은
짐들의 땀이 배어있다

아마도
시를 모르기에
시를 써온 나의 그 얼굴 없는 표정들

밤새워 고민하며
나를 재촉해서
내 꿈들의 방황을 다독거린다.

내 스타일 대로 쓴다

인상파도 아니고
입체파도 아니고
초(超)현실주의도 아닌 나의 시들은

지난 살아온
나의 발자국처럼 어설프다
누구를 위해 쓴 시
아니다

한여름 밤의 꿈처럼
떠오른
별 같은 이미지의 향기들
뚜벅뚜벅
그냥 써온 서튼 시들은

지하창고에
익어가는 포도주처럼
세월의 고통이
발효된 그림들이다

살아오며
꿈꾼 지난 시간들의 초바늘처럼
초조하게 그려진
서툰 나의 그림들은
고백 같은 시장의 독백

발걸음 마다에 배인
아련한 애수는
바람에 떠도는 신문 조각처럼
마음에 갈피에 새긴
서늘한 노래들

어느 해안의 어촌을 걸으며
파란 바닷가의 물결이
스며들어
한 편의 아련한 추억으로 새긴
생선의 파닥거림

그 생명력은

밤하늘로 올라가서
거친 세상의 노래처럼
슬픈 멜로디로
나그네로 떠돈다

나뭇잎 지는 가을 노래처럼.

그냥 살아온 시간들

고독의
파도에 밀려
여기까지 왔다

파란 물결에 떠밀린
널빤지 같은
시간 속에서

꿈이란 것도 없는 꿈속에서
허우적거리며
시간의 날카로운
모서리에 찔리며 살아왔다

눈 뜨면 악몽
현실은 언제나 초조한 가시방석
서랍 안에는
비애의 한숨이 들어있다.

어디로 가고 있는지 모르지만
한여름에 내리는
비처럼
후덥지근한 냄새들 속에
낡은 달력에 붙은
미련들을 찢는다

가고 있지만 되돌아오고 있는
슬픔의 노래들이지만
다시 목청을 높인다

먼 정상의 봉오리에서
세상 풍파를 굽어보듯이
고뇌의 꼭대기에서
아득하게
세월들을 내려다 본다

아무 미련없는 흘러간 지난날들

걸어서 느리게 가는 시곗바늘처럼.

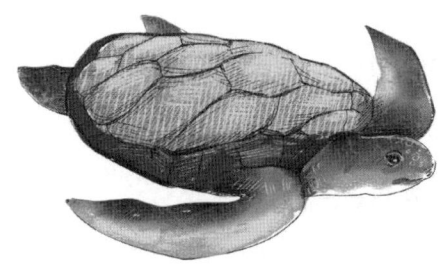

시간

이미 간 흔적들과
가야 할 미련들이
시계에는
초조 불안과 함께
돌아간다
꿈 희망 사랑도 같이 있지만
느리게 간다

살아온 날들의 미래를
시계는 가리킨다
정확히
쓸쓸하게 바람처럼

날아가는 시곗바늘의 날개
붙잡고 싶지만
떠나간 기차를 따라가는
더딘 발걸음

그대라는 사랑 안에서
시계의 꿈을
무지갯빛으로 펼쳐보지만
언제나
고독의 무게 앞에서
망설인다

시간들의 얼굴과 마음은
엇갈린 길들의

모순처럼
냉정하게 우리를 밀고 있다

가야 할 그곳이 어딘지
모르는
기묘한 인생의 어느 지점으로

날마다 꿈은 시간의 슬픈 노예처럼.

긴 하루의 우울

기울어진 우수 속에 하루가 간다
그는 불안 속에 산다
그는 예술가였지만
지금 예술가는 아니다

그는 절망의 하루를 보낸다
석양의 노을 속에
긴 꿈과
아름다움을 보며 산다

청춘을 갇혀있었고
꿈은 퍼드덕거리는 날갯짓이었다
희망 같은 시간을 찾았다
꿈같은 미래를 우울 속에 그렸다

모든 것은 단지

하루가 긴 적막이란 사실이다
예술은 사치였다
재능 없는 백치 같은 인생
꿈도 희미한 하루에
황혼 같은 날들

그는 담배를 피우며 인생도 연기처럼
어디론가 날아간다

방 틈 사이로 스미는
빨간 노을은
우울한 회색 커튼에 스미는
희망의 빛이다

하루가 우울하게 저문다
허기진 꿈은 갈 곳이 없다
어느 날
의자에 앉아 고독 같은 인생에
대한 깊은 사색을 했다
봄 같은 가을 같은
희망과 꿈을 꾸었지만
바람 속에 날아갔다

이제는 단지 처진 어깨로 산책을 한다
삐뚤어진 꿈을 잡고
천천히 걸으며
하루의 우수 속에 지는 노을 바라본다

어느 개 같은 여름날에.

언제나 나의 꿈은

마음 맞는 사람끼리 모여 사는 게
언제나
나의 꿈이었다

기쁨도 슬픔도 아픔도
함께 나누며

찬 바람 부는
혹독한 이 세상에
뜻 맞는 사람끼리 모여 사는 게

사람 사는 곳에
언제 나
분열과 싸움이 있고
미움과 질투도 있지만
작은 평화를 위해

마음 맞는 사람끼리
오손도손 모여서
서로 따스한 불빛이 되어
살아가는 곳

이상이지만
점점 더 세상이 혼탁할수록
착한 사람들과
같이 더불어 살고 싶다

꿈이라 생각하지만
가난 속에서도
행복 속에서도
비슷한 낙엽 같은 인생들이
모여 사는 곳

마음 맞고 뜻 맞는
사람끼리 힘들수록
찬비 속에서도
서로 위안으로 하면서

누추한 이 세상에 낙엽같이
꽃 피우며
살아가는 곳

언젠가 이 세상 어느 곳에.

꿈같은 어느 오후에

뜨거운 커피를 한 잔 마시며
먼 곳에 있는
그대를 생각했네

어디엔가 그곳에
그 눈빛
그 입술
그 미소

상상 속에 그려지는
어느 오후의
초상화

지울 수 없는 마음 깊은 곳에
꽃 한 송이

시간이 조용히 흐르며 물 들어갈 때
멀지만
가까이 있는 그대

조용히 소곤대는 목소리로
불러본다

그대여
시간 속에 밝아지는 이름

새처럼 날아가는
하루를 이고서 상상은 꿈에 젖는다
그대 이름처럼

따스한 오후에 써늘한
바람 같은
그대여

커튼이 휘날리고 창밖
거리의 풍경이
낯이 익을 때

다정한 오후의 햇빛은 꿈꾸며

한낮에 흐린 고독

꿈속에 손을 잡으며
향수병 같은 도시의 오후를 걸어간다

짙은 오후의 창가에서.

언제나 안개 같은

세상은 알 수 없는 미로
보이지 않는
은빛 연기의 길

깜깜한 어둠 속에 누구나
빛을 찾지만
멈추지 않는 내면의 수수께끼

밝은 빛은 머리 위에 빛나지만
내면의 빛은
고독 속의 램프

방황하며 길을 잃는 우리
여름의 뜨거운
갈망은
절망의 또 다른 이름

신비한 인간의 시간들

초침과 분침처럼
엇갈리며
길을 달린다

꿈과 현실도
언제나 안개 밭이다
작은 빛
그리운 가로등의 나침판

비틀거리며
살아온 아주 긴 시간 속에
꿈의 호롱 빛
희미하게 켠다

모호한 이 길을 걸으며
향기 없는 꿈의
세상에서
너 없이 언제나 혼자 걷는다

향기 없는 그림자의 발자국은.

여름에 꾸는 겨울 꿈

한여름 더위에
땀은
이마를 적시며 흘러내린다

여름 하늘에

겨울 강이 흐른다
인적없는
겨울 들판의 찬바람이 분다

흔들리는 빈 나뭇가지들

그대와 나

마주 앉아 마시는
뜨거운 차 한 잔
말 없는 대화에는
고요한 빛이 들어있다

눈이 내리는 밤에
가만히 꽃 같은
흰 눈송이

지붕 위에
마당 위에
꿈결 위에

눈이 하얗게 쌓인다

겨울밤의
여름에 꾸는 꿈처럼

또 다른 고향의 향수.

그 사람은 어느 곳에
그대는
은밀히 속삭이는 그림
향기로운 향기처럼
나지막한 바람으로
꿈처럼 온다

거리를 걷다가도
세월을 견디다가
그렇게
또.

그리운 사람

그대가 있기에
먼 길을 걸어간다

해지는 석양에
혼자 있어도
긴 그림자 끌고 걸어간다

아름다움

이 세상 어딘가에는
분명히
있기 때문에

구슬 같은 땀이 흐르는 길
걸어서
아마도 그대가 있는 곳으로

천천히
천천히
아주 천천히

따스한 햇볕의 바람
마음을 공양으로
던진다

기도처럼.

여름날의 가을 길

길을 걸어간다
바람에 마구 흔들리는
가을 잎처럼

빨갛게 시든 낙엽들이
흩어져 떨어진다

그 잎들은
바람에 찢긴 그리움 한 장
흩어져 바람에 날린다

쓸쓸한 길을 걷다
꿈꾸듯
하나둘 줍는다

여름 해가 뜨겁게 내리쬔다

길 잃은 시인

여름 속에 가을풍경을 주우며
벤치 위에
앉는다

바람에 사라진 시간
그 빛깔 속에
떨어진
잎들

가을 공원의 나그네처럼
별처럼 생긴
단풍잎들

지친 잎들 속에 정겨운 표정.

그해 여름의 생

여름 해처럼
따가운 가난이 내리비출 때

목마른 보석 같은
꿈은 허덕거렸다

생의 찬비가 너무 내려서
고백다운 고백을 못 하고
쓸쓸히
혼자서 주머니에 손을 넣고
긴 거리를 걸어갔다.

밤이면
외로운 별처럼
긴 사연을 독백처럼 썼지만
어느 누구에게도
보낼 수 없었다

구겨진 그 젊은 날의 별빛 같은 희망은
늘 토해내는 술처럼
슬픔의 향기를 뱉었다

아름다운 시절
그 계절의 여름날의 꿈들
찬 겨울의 바람처럼 쓸쓸했다

지금은 가을

어디로 가고 있는 시간인지
고독한 생의 창가에도
어느 나그네의 작은 소망 같은
꿈은
가로등처럼 빛나고 있다.

한 번 살다 가는데

어떤 인생이 행복한 삶인가?
누군가에게 묻고 싶다

많은 답들이 있다

황금의 탑을 쌓고
권세를 누리며
아름다운 여인들과
로맨스를 즐기면 행복한가?

인생의 핵을 말한 듯하지만
과연 그러한가?

첩첩하게
얽히고설킨 인연들

돈의 길
권력의 길
명예의 길

한 세상 영화를 누리다 가는 길

모두가 꿈꾸는
바라는 인생길이겠지만
과연 그러한가?

세상은 왜 눈물 나는 일

세상은 왜 고통받는 일
세상은 왜 슬픔 받는 일

너무나 꼬이고 꼬인 일들

답은 쉽지만
멀고도 험한 길이 아닌가?

강물은 흘러가고
세월의 낙엽은 떨어지고

한숨 같은 사연의 편지를
주고받으며
떠나가는 사람들

멀리서 손짓하는
이별의 노랫가락들이
흐린 가슴을 메이게 한다

한 번 살아가는 일이.

작은 꿈을 별처럼

이 만큼
이 정도로
외진 곳에 램프 빛 밝히며 살아온 일

잘한 거 아닌가?

외롭고
고독하게 살아왔지만
꿈을
밑천으로
여기까지 이 만큼 왔으면

잘한 거 아닌가?

평범한 듯한 나날 속에
하루에 일과로
글 쓰고
사색하며
멀리 내다본 일

잘한 거 아닌가?

늘
그리워하며
만나지 못하고
그대를 품에 안고 살아온 일

잘한 거 아닌가?

슬픔을 안주 삼아
술 마시며
몇 줄의 시를 쓴 거

잘한 거 아닌가?

별처럼 빛나는 밤을
원고지 삼아
꿈꾸듯
살아온 일들 또박또박 쓴 일

잘한 거 아닌가?

누구를 탓할 수 없는 세상
그냥 그렇게
묵묵히
살아온 일

잘한 거 아닌가?

이런 미련 저런 미련 다 버리고.

어느 날 만난 그녀

시를
어느 날 고요한 카페에서
적막한 음악 속에
만나게 되었네

시와 인사를 하고
시는 나를 보고
나는 시를 보았네

시는 노래가 있는 음악이었고
악기를 연주하는 눈물이었네

시는 세상 모든 이별의 씨앗이었고
시는 세상 모든 사랑의 초상화였네
시는 울고 웃고 추억하고
먼 미래를 꿈꾸는 달빛의 파란 잎새였네

시는 기차를 타고 별을 향해 여행 떠나는
외로운 나그네이며
한 겨울의 눈 내리는 날의
따스한 차 한 잔이었네

시와 처음 만나
인사를 하던 날에
노을이 지는 황혼 속에서
지난 시간들이
마구
빗줄기처럼 쏟아지는 우산 속 풍경이었네

시를 떠나 보내고
어둑어둑한 골목길에서
옛연인의
까만 눈빛이 가로등처럼 빛나면서
흘러간 시간들이
울먹거렸네

시의 적막이 서린 내 방에서
펜을 입에 물고
고독과 마주앉아

알 수 없는
아름다운 추상화를 그렸네
밤새 포도주같은
향기로 새벽빛을 기다렸네

끝나지 않는 시의 빗방울들이
처마를 적시며
내 마음을 낡은 종소리처럼 울리네.

꿈으로 전하는 편지

2025년 7월 1일 초판 1쇄 발행
저자 이하림
펴낸이 안영준
제작 (도)생각과 사람들
펴낸 곳 무당거미
신고번호 제 2020-000134호
사업자 등록번호 298-95-01602
주소 경기도 성남시 분당구 산운로 139번길 4-8
전화와 팩스 031)702-2328
이메일 fellini@hanmail.net
ISBN : 979-11-987036-8-2 (03810)

·잘못 만들어진 책은 구입처를 통하여 교환하여 드립니다.
·본 도서는 관계법에 의하여 저작권 보호를 받습니다.